Impressum
Verlag: BABADADA GmbH, Nedderfeld 112 , 22529 Hamburg
Geschäftsführer / Verlagsleitung: Harald Hof
Druck: Books on Demand GmbH, In de Tarpen 42, 22848 Norderstedt

Imprint
Publisher: BABADADA GmbH, Nedderfeld 112 , 22529 Hamburg, Germany
Managing Director / Publishing direction: Harald Hof
Print: Books on Demand GmbH, In de Tarpen 42, 22848 Norderstedt

school

sukuu

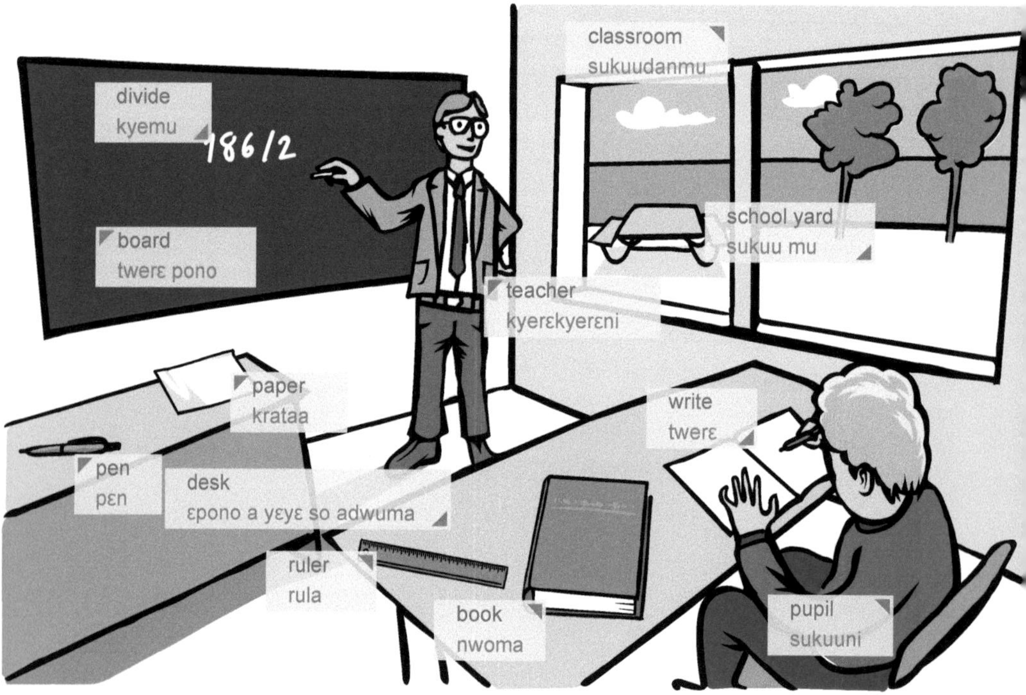

classroom
sukuudanmu
divide
kyemu
186/2
board
twerɛ pono
school yard
sukuu mu
teacher
kyerɛkyerɛni
paper
krataa
write
twerɛ
pen
pɛn
desk
ɛpono a yɛyɛ so adwuma
ruler
rula
book
nwoma
pupil
sukuuni

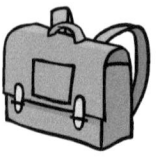

satchel

baage

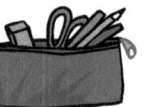

pencil case

twerɛdua konko

pencil

twerɛdua

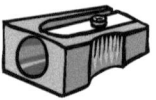

pencil sharpener

deɛ yɛde sensen twerɛdua ano

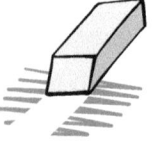

rubber

rɔba

drawing pad

krataa a yɛdwi adeguso

drawing

adedwie

paintbrush

penti brɔhye

paint box

penti adaka

scissors

apasoɔ

glue

aman

exercise book

nwoma a yɛyɛ mu adwuma

homework

efie adwuma

number

nɔma

add

kabom

subtract

te fri mu

multiply

mmɔho

calculate

sese

letter

lɛtɛ

alphabet

ntwerɛeɛ

word

asɛmfua

text

ntwerɛdeɛ

read

kenkan

chalk

kyɔk

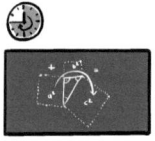

lesson

adesua

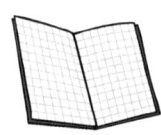

register

twerɛ wo din

exam

nsɔhwɛ

certificate

abodinkrataa

school uniform

sukuu ataadeɛ

education

adesua

encyclopedia

nyansa nwoma

university

suapɔn

microscope

maakroskop

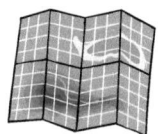

map

map

waste-paper basket

kɛntɛn a yɛde krataa nwura
gu mu

travel
akwantuo

hotel
ahɔhogyebea
Grand
hostel
hostɛl
ROOMS
EXCHANGE
bureau de change
baabi a yɛ sesa sika
car
kaa

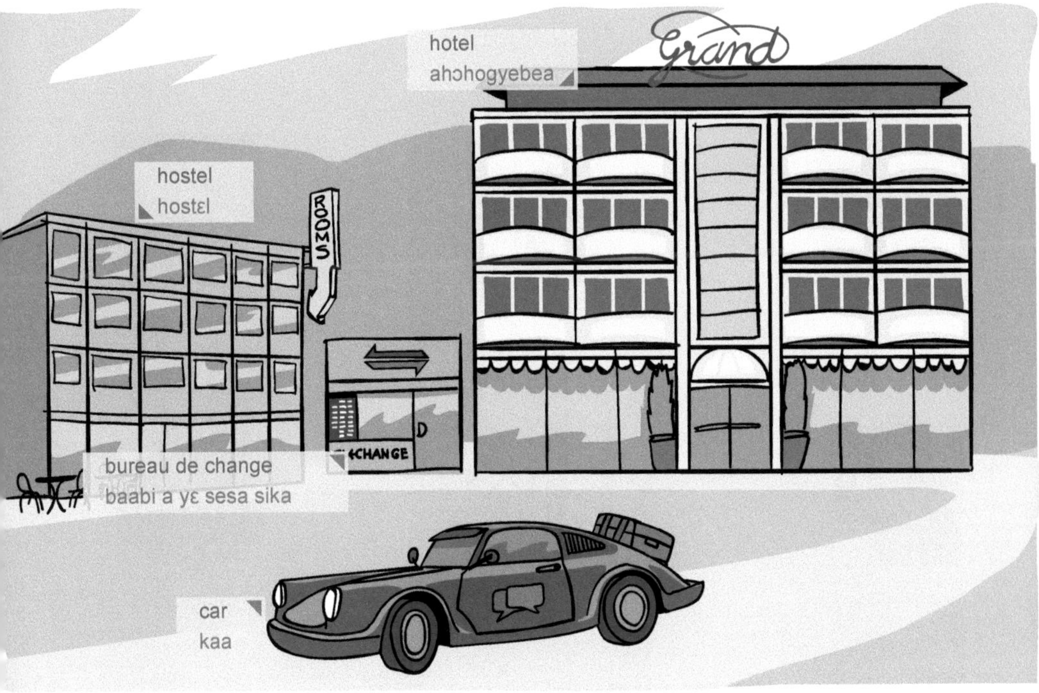

language

kasa

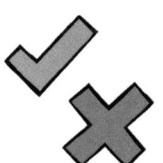

yes / no

aane / dabi

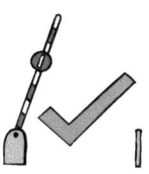

Okay

Yoo

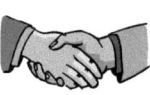

hello

hɛlo

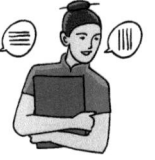

translator

kasa asekyerɛfoɔ

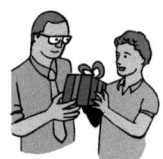

Thank you

Medaase

how much is…?

…boɔ yɛ sɛn?

I do not understand

Me nte aseɛ

problem

ɔhaw

Good evening!

Maadwo!

Good morning!

Maakye!

Good night!

Dayie!

bye bye

baibai o

direction

akwankyerɛ

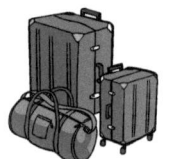

luggage

wo nneɛma

bag

bɔtɔ

backpack

akyirebɔtɔ

guest

ɔhɔhoɔ

room

danmu

sleeping bag

bɔtɔ a yɛda mu

tent

ntomadan

tourist information

nsɛm dema wɔn a wɔkɔ nsrahwɛ

beach

mpoano

credit card

kaade a yɛde yi sika

breakfast

anɔpa aduane

lunch

awua aduane

dinner

anwumerɛ aduane

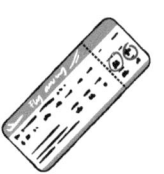

ticket

tiket

lift

pegya

stamp

stamp

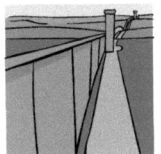

border

ɛhyeɛ so

customs

kutɔmfoɔ

embassy

embasi

visa

visa

passport

passpot

transport
akɔneabadie

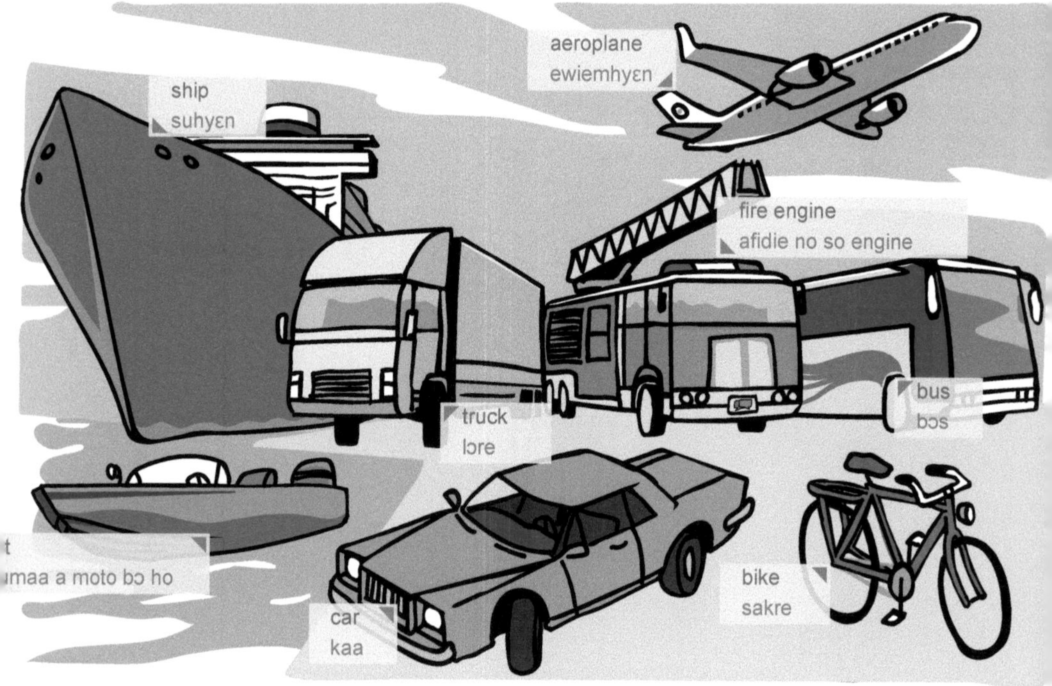

aeroplane
ewiemhyɛn
ship
suhyɛn
fire engine
afidie no so engine
truck
lɔre
bus
bɔs
maa a moto bɔ ho
bike
sakre
car
kaa

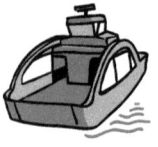

ferry

hyɛma

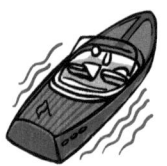

boat

suhyɛn kumaa

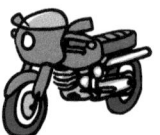

motorbike

motosakre

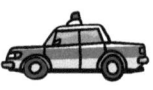

police car

polisifoɔ kaa

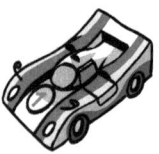

racing car

kaa a ɛkɔ mirika akansie

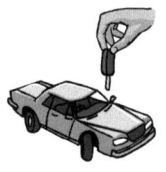

rental car

kaa a yɛde ma ahan

car sharing

wɔre kyɛ kaa

breakdown truck

lɔre a asɛeɛ

refuse truck

bɔɔla kaa

motor

moto

fuel

pɛtro

petrol station

baabi a yɛbu pɛtro

traffic sign

trafik ahyɛnsodeɛ

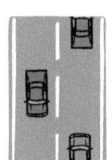

traffic

trafik

traffic jam

trafik akye

car park

baabi a yɛde kaa esi

train station

keteke gyinabea

tracks

keteke kwan

train

keteke

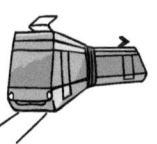

tram

tram

carriage

ponkɔ kaa

helicopter

helikopta

airport

ewiemhyɛnbea

tower

abansoro

passenger

apasingyani

container

tontowa

carton

adaka

cart

kaate

basket

kɛntɛn

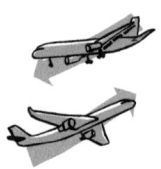

take off / land

atu / asi fam

city

kuro kɛseɛ

village

akurase

city centre

kuro dwaberɛ mu

house

efie

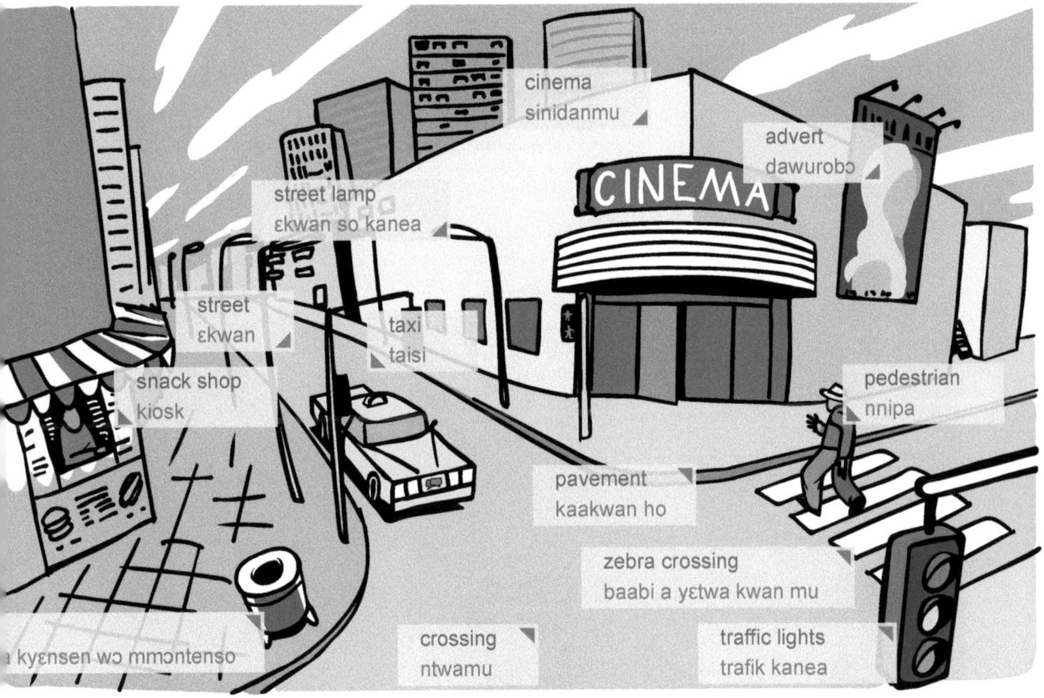

cinema
sinidanmu

advert
dawurobɔ

street lamp
ɛkwan so kanea

street
ɛkwan

taxi
taisi

snack shop
kiosk

pedestrian
nnipa

pavement
kaakwan ho

zebra crossing
baabi a yɛtwa kwan mu

a kyɛnsen wɔ mmɔntenso

crossing
ntwamu

traffic lights
trafik kanea

hut
apata

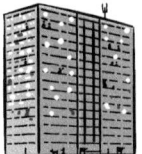

flat
efie

train station
keteke gyinabea

town hall
adwaberɛm

museum
bea a yɛ kora tete nneɛma

school
sukuu

university

suapɔn

bank

sikakrobea

hospital

ayaresabea

hotel

ahɔhogyebea

pharmacy

famasi

office

asoeɛ

book shop

sotɔɔ a wɔtɔn nwoma

shop

sotɔɔ

florist's

baabi yɛtɔn nhwiren

supermarket

sotɔɔpɔn

market

edwam

department store

sotɔɔ kɛseɛ

fishmonger's

baabi a yɛtɔn mpataa

shopping centre

dwadibea kɛseɛ

harbour

suhyɛn gyinabea

park

baabi kaa gyina

bench

bɛnkye

bridge

ɛtwene

stairs

atwedeɛ

underground

asaase ase

tunnel

ɛbɔn

bus stop

baabi a bɔs gyina

bar

nsanombea

restaurant

adidibea

postbox

lɛta adaka

street sign

ɛkwan so akwankyerɛ

parking meter

baabi kaa gyina ho mita

zoo

zoo

swimming pool

nsuo a yɛ dware mu

mosque

nkramodan

farm
afuo

pollution
deɛ egu mmɔnten so fi

graveyard
asieɛ

church
asɔre

playground
agodibea

temple
asɔre dan

landscape

mmɔnten so asiesie

signpost
sanbod

way
kwan

meadow
asaase a ɛsere wɔ so

stone
boba

hiker
ɔnantefoɔ

tree
dua

river
asubɔnten

grass
ɛserɛ

flower
nhwiren

valley

amenamu

hill

bepɔ

lake

tadeɛ

forest

kwaeɛ

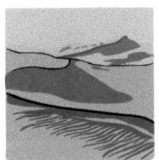

desert

ɛserɛ so

volcano

egya a efri botan mu

castle

abankɛseɛ

rainbow

nyankontɔn

mushroom

emere

palm tree

abɛtene

mosquito

ntomntom

fly

tu

ant

ntɛtea

bee

wowa

spider

ananse

beetle

amankuo

frog

aponkyerɛni

squirrel

opuro

hedgehog

apɛsɛ

hare

adanko

owl

patuo

bird

anomaa

swan

nsuo mu dabodabo

boar

kɔkɔte

deer

adoa

moose

ɔtweenini

dam

dam

wind turbine

wind turbine afidie

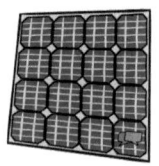

solar panel

afidie a ɛkye awia

climate

wiem nsakraeɛ

waiter
ɔsom adidieɛ

menu
aduane a ɛwɔ hɔ

chair
akonwa

soup
nkwan

pizza
pisa

cutlery
ntere a yɛde didi

tablecloth
ntoma a ɛse pono so

starter

mprampra anom

main course

aduane no ankasa

dessert

mpa anom

drinks

nsa

food

aduane

bottle

toa

fast food

aduane hyewhyew

street food

abɔnten so aduane

teapot

tii kukuo

sugar bowl

asikyire konko

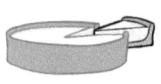

portion

wo kyɛfa

espresso machine

espresso afidie

high chair

akonwa tenten

bill

wo ka

tray

apanpan

knife

sekan

fork

adinam

spoon

atere

teaspoon

atere ketewa

serviette

napkin a yɛde pepa ano

glass

glase

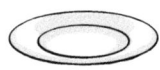

plate

prɛte

soup plate

kwan kyɛnsee

saucer

prɛte ketewa

sauce

abomu

salt pot

nkyene kukuo

pepper mill

yɛde yam mako

vinegar

fenega

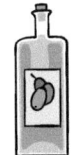

oil

anwa

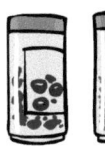

spices

aduhwam

ketchup

kɛkyɔp

mustard

mustad

mayonnaise

mayones

supermarket

sotɔɔpɔn

special offer
ntesoɔ soronko
FOR
customer
adetɔfoɔ
dairy
nanatwie nufusuo
fruit
aduaba
trolley
hwiili

BUTCHERS

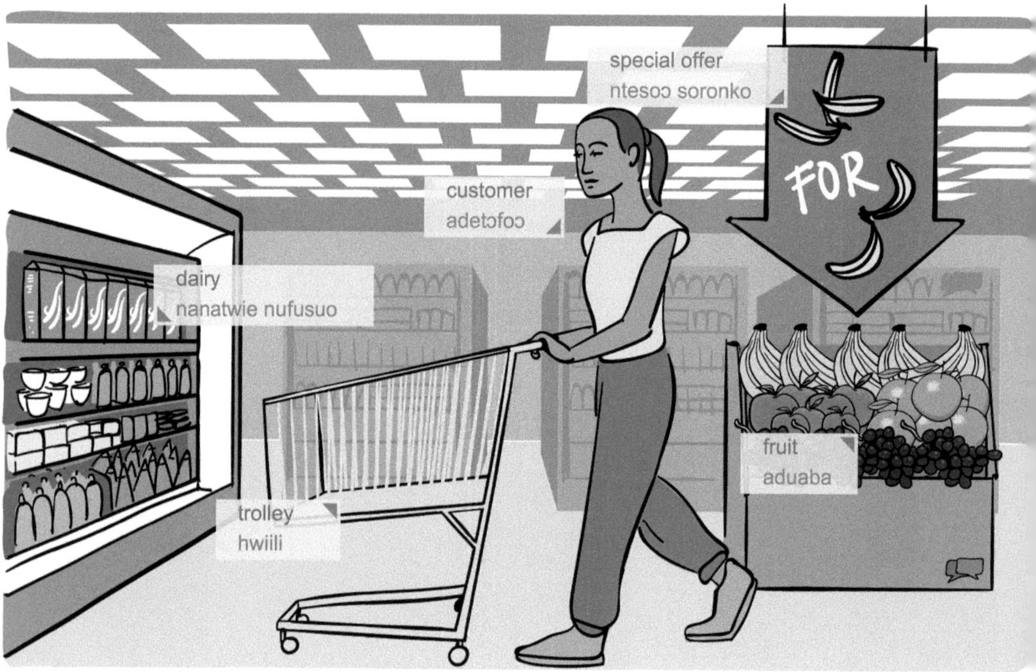

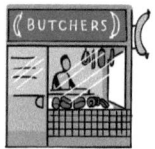

butcher´s

baabi a yɛtɔn nam

BAKERY

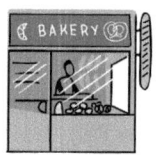

baker´s

baabi a yɛtɔn paano

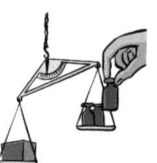

weigh

susu

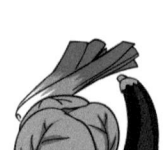

vegetables

atosodeɛ

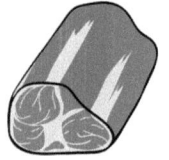

meat

nam

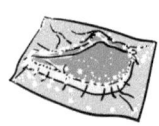

frozen food

frigyemu aduane

cold meat
nam a adwɔɔ

tinned food
kyɛnsee mu aduane

washing powder
paoda samena

sweets
adedɔkɔdɔkɔ

household products
efie nneɛma

cleaning products
adetɔneɛ a yɛde pepa fin

salesperson
nnipa a ɔtɔn adeɛ

till
afidie a egye sika

cashier
ɔgyegye sika

shopping list
krataa a wodi rekɔ di dwa

opening hours
berɛ a wɔde bua

wallet
sikabotɔ

credit card
kaade a yɛde yi sika

bag
baage

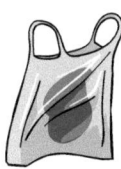

plastic bag
rɔba baage

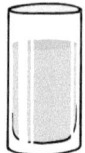

water
....
nsuo

juice
....
aduaba mu nsuo

milk
....
nufusuo

coke
....
kok

wine
....
wain nsa

beer
....
biya

alcohol
....
mmorosa

cocoa
....
kokoo

tea
....
tii

coffee
....
kofe

espresso
....
espresso

cappuccino
....
kapukyino

banana

kwadu

apple

apol

orange

ankaa

melon

melon

lemon

akutoɔ

carrot

karɔt

garlic

garlik

bamboo

pampro

onion

gyeene

mushroom

mmere

nuts

nkateɛ

noodles

talia

spaghetti

spageti

rice

ɛmo

salad

salad

chips

kyipis

fried potatoes

abrɔdwomaa a y'akye

pizza

pisa

hamburger

hambɔga

sandwich

sanwekye

cutlet

nam a dompe nnim

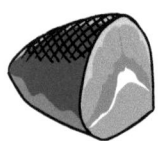

ham

preko nam

salami

nam a y'ahata

sausage

sɔsege

chicken

akokɔ

roast

toto

fish

apataa

food - aduane

porridge oats

oosu koko

muesli

muesli

cornflakes

konflese

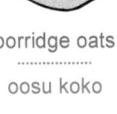

flour

esam

croissant

krossant

bread roll

paano a y'abobɔ

bread

paano

toast

paano a y'atoto

biscuits

biskete

butter

bɔta

curd

nufusuo a ada

cake

keeke

egg

kosua

fried egg

kosua a y'akyeɛ

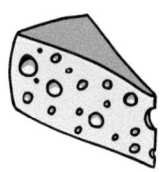

cheese

kyiis

ice cream

asskrim

sugar

asikyire

honey

ɛwoɔ

jam

gyaam

chocolate spread

kyokolete

curry

kɔri

farm
afuo

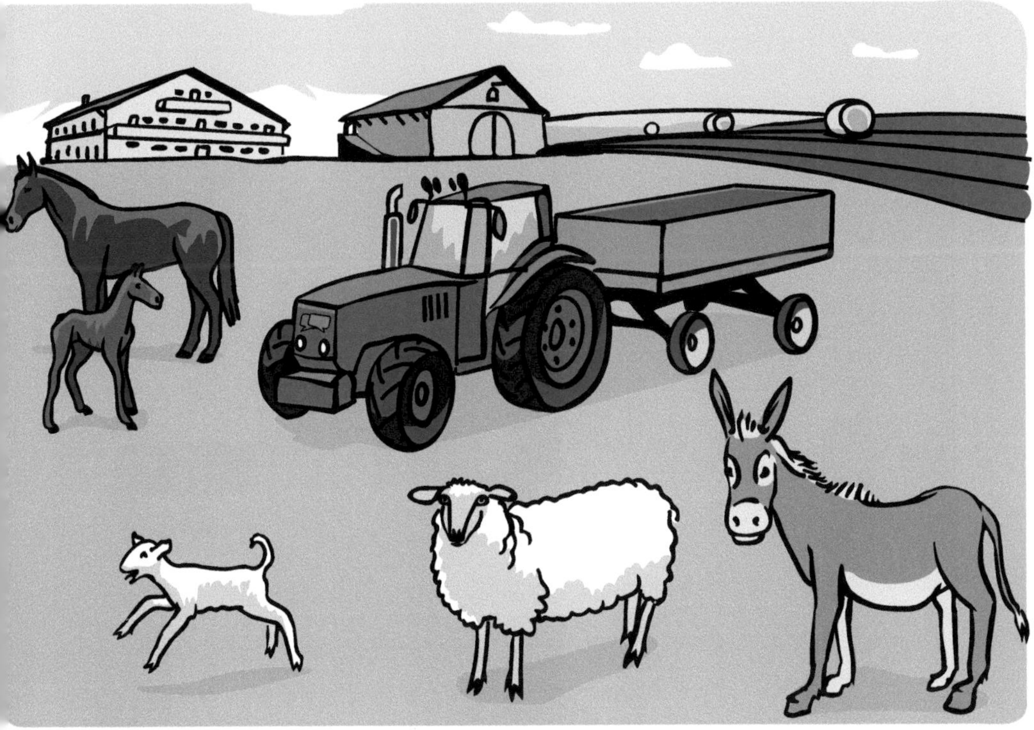

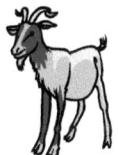

goat

apɔnkye

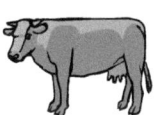

cow

nantwie

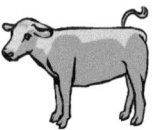

calf

nantwie ba

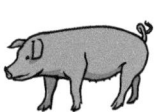

pig

prɛko

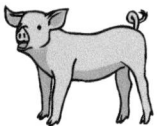

piglet

prɛko ba

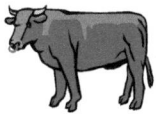

bull

nantwinini

goose

dabodabo nua

duck

dabodabo

chick

akokɔba

hen

akokɔbedeɛ

cock

akokɔnini

rat

kusie

cat

ɔkra

mouse

akura

ox

nantwinini

dog

kraman

doghouse

kraman buo

garden hose

afuom drobɛn

watering can

tontora a yɛde gu nsuo

scythe

sekan a yɛde twa aburo

plough

funtum dadeɛ

sickle

kontonkro

hoe

asɔ

pitchfork

afuom adinam

axe

akuma

wheelbarrow

hweebaro

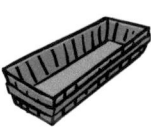

trough

adidika

milk can

nufusuo konko

sack

bɔtɔ

fence

ɛban

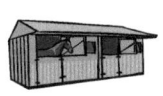

stable

pɔnkɔ dan

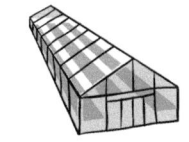

greenhouse

ntomadan a yɛyɛ mu afuo

soil

anwea

seed

aba

fertilizer

ɔyɛ asaaseyie

combine harvester

otwaberɛ trakta

farm - afuo

29

harvest

twa

harvest

otwaberɛ

yams

bayerɛ

wheat

ayuo

soy

soya

potato

abrɔdwomaa

corn

aburo

rapeseed

repu aba

fruit tree

dua a ɛso aba

cassava

bankye

cereals

aburo asefoɔ

living room

asaso

bathroom

adwareɛ

kitchen

mukaase

bedroom

pie mu

child's room

nkwadaa dan mu

dining room

dan a yɛdidi mu

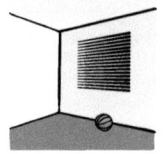

floor

εfam

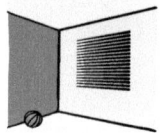

wall

εban

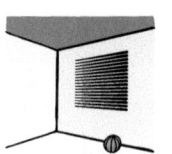

ceiling

abruuso

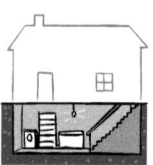

cellar

danbloo

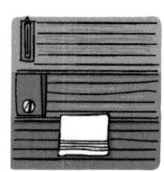

sauna

adwereε a εbɔ ɔhyew

balcony

abranaa

terrace

abranaaso

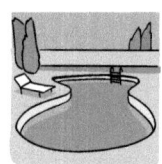

pool

nsuo a yεdware mu

lawn mower

afidie a yεde dɔ

sheet

nsεfam

bedspread

ntoma a εse kεtε so

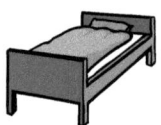

bed

mpa

broom

prayε

bucket

bokiti

switch

dane

living room
asaso

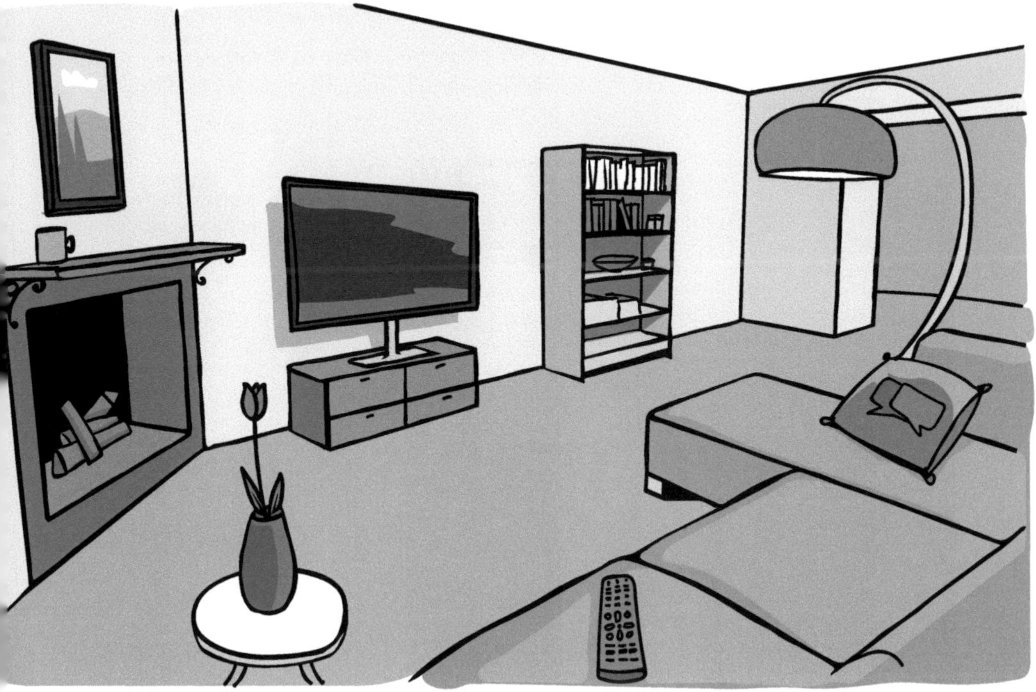

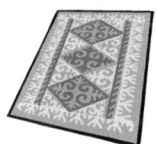

carpet

kapɛte

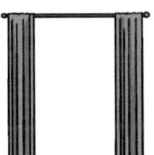

curtain

ntwaa dan mu

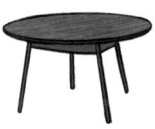

table

ɛpono

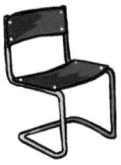

chair

akonwa

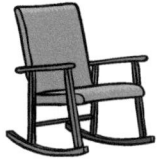

rocking chair

akonwa a ehinhim

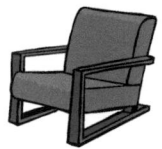

armchair

akonwa a yɛgyegye dan

book
nwoma

blanket
kuntu

decoration
dan mu nsiesie

firewood
egya

film
sini

hi-fi equipment
wailεs

key
safoa

newspaper
koowaa krataa

painting
nfonin a y'adwi

poster
nfam danho

radio
radio

notepad
krataa a yε twere mu

hoover
afidie a εprapra

cactus
kaktus

candle
kyεnere

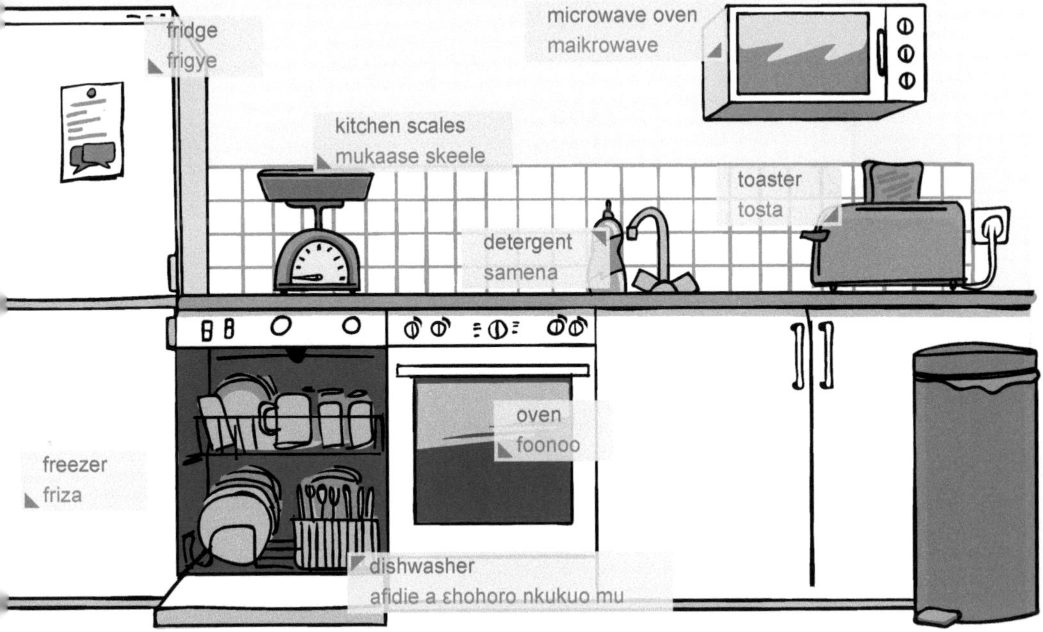

fridge
frigye

microwave oven
maikrowave

kitchen scales
mukaase skeele

toaster
tosta

detergent
samena

oven
foonoo

freezer
friza

dishwasher
afidie a ɛhohoro nkukuo mu

cooker
....
abɛɛfo bukyea

pot
....
kokuo

cast-iron pot
....
dadesɛn

wok / kadai
....
wok / kadai

pan
....
kyɛnsee

kettle
....
nsuo hyeɛ afidie

steamer

stiima

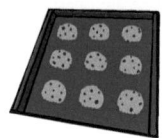

baking tray

apa a yɛ to so adeɛ

crockery

prɛte, kuruwa, ntere ne nea ɛkeka ho

mug

kuruwa a etumi bɔ

bowl

kyɛnsee

chopsticks

nnua a yɛde didi

ladle

kwantre

spatula

dua atere

whisk

yɛde nu adeɛ mu

strainer

sɔneɛ

sieve

fefe

grater

greta

mortar

waduro

barbecue

kyinkyinga

open fire

bukyea

chopping board

εpono a yε twitwaso adeε

rolling pin

εta

corkscrew

deε yεtu nsa so

can

konko

can opener

deε yεde bue konko so

pot holder

yεde sɔ kukuo mu

sink

sink

brush

brɔhye

sponge

sapɔ

blender

aduane yam fidie

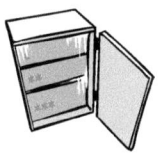

deep freezer

friza nini

baby bottle

toa a abɔdoma nom ano

tap

paipo

bathroom

adwareɛ

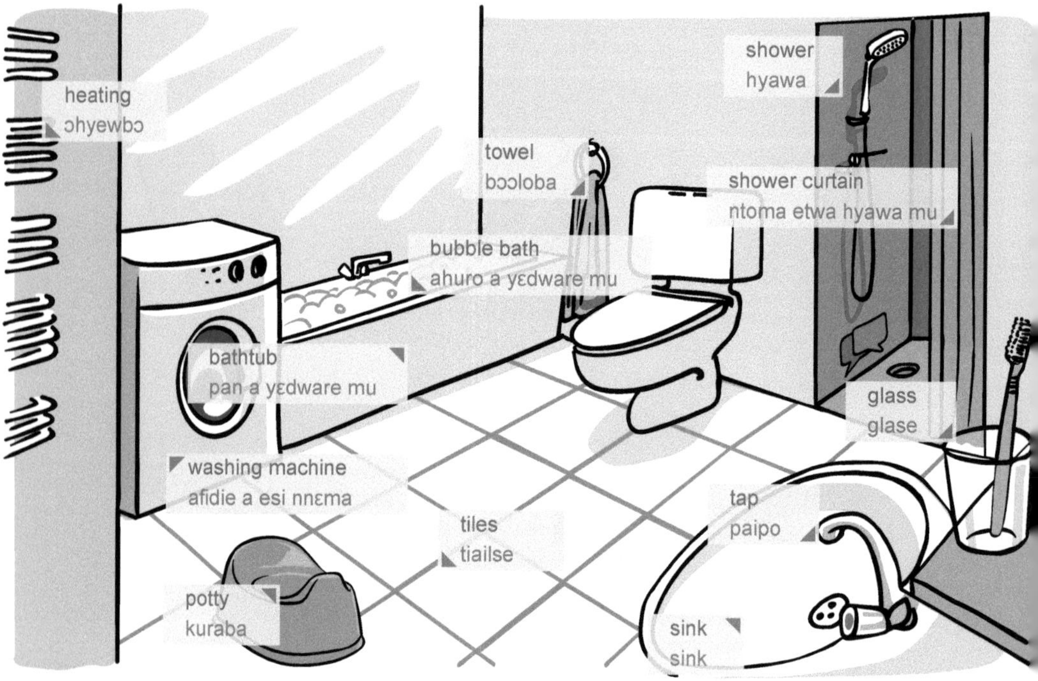

heating
ɔhyewbɔ
towel
bɔɔloba
shower
hyawa
shower curtain
ntoma etwa hyawa mu
bubble bath
ahuro a yɛdware mu
bathtub
pan a yɛdware mu
glass
glase
washing machine
afidie a esi nnɛma
tap
paipo
tiles
tiailse
potty
kuraba
sink
sink

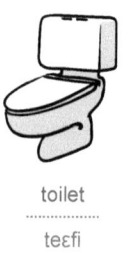

toilet

teɛfi

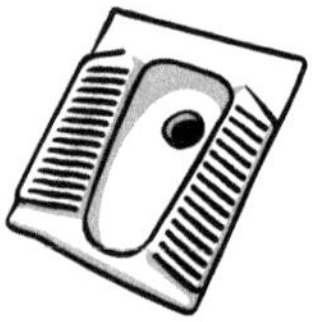

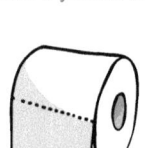

squat toilet

teɛfi a yɛ koto so

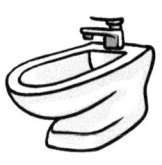

bidet

bidet teɛfi

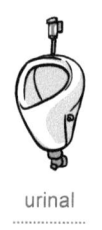

urinal

dwonsɔ dan

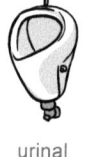

toilet paper

teɛfi so krataa

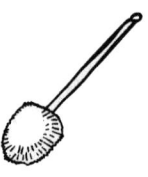

toilet brush

teɛfi so brɔhye

toothbrush

brɔhye a yɛde twitwiri see

toothpaste

aduro a yɛde twitwiri see

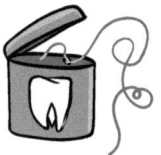

dental floss

yɛde yiyi ɛsee mu

wash

si

handheld shower

hyawa a yɛsɔ mu

douche

paipo a yɛde hohoro ananmu

basin

bokiti

back brush

brɔhye a wode dware w'akyi

soap

samena

shower gel

hyawa samena

shampoo

nsuo samena

flannel

flanɛl ntoma

drain

baabi a nsu fa pue

cream

nku

deodorant

yɛde fefa amotoamu

mirror

ahwehwɛ

hand mirror

ahwehwɛ a yɛsɔ mu

razor

bled

shaving foam

ahuro a yɛde yi nwi

aftershave

aduro a yɛde fefa baabi a
wo ayi nwi

comb

afen

brush

brɔhye

hair dryer

afidie a ɛwo nwi

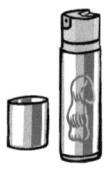

hairspray

enwi sopre

makeup

pɔns

lipstick

lipstike

nail varnish

penti a yɛde mɔreɛ so

cotton wool

asaawa

nail scissors

apasoɔ a etwa mmɔreɛ

perfume

aduhwam

washbag

adwareɛ baage

stool

edwa

weighing scale

skele

bathrobe

adwereɛ ataadeɛ

rubber gloves

rɔba a yɛde hyɛ nsa ho

tampon

tampon

sanitary towel

abɛɛfo amonsen

chemical toilet

teɛfi a aduro gum

child's room
nkwadaa dan mu

alarm clock
klɔk a ɛbɔ nkaeɛ
cuddly toy
kyoobi
toy car
toi kaa
rattle
akasaa
doll's house
broniba dan
present
seeseiara

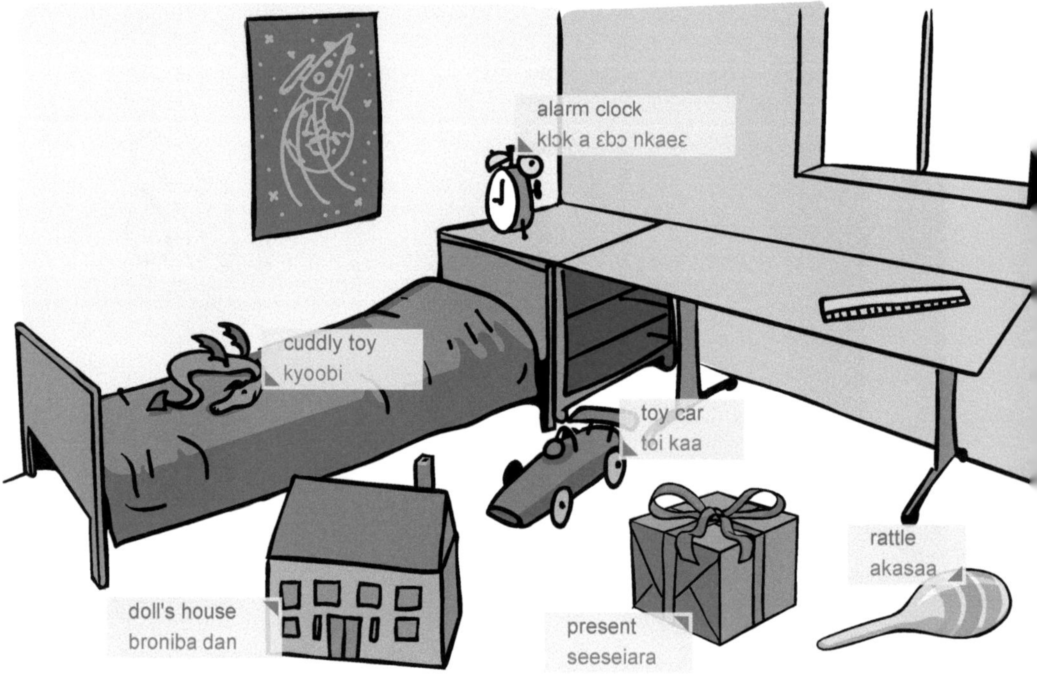

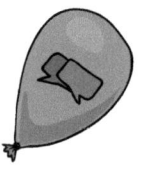

balloon

baaluu

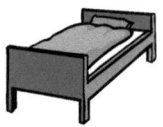

bed

mpa

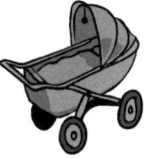

pram

nkwadaa kaa

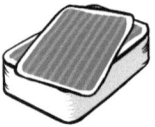

deck of cards

sopaa

jigsaw

gyiksɔɔ

SUPER
MEGA

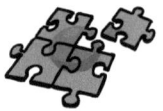

comic

nsɛnkwa

lego bricks

lego blɔg

building blocks

blɔg a yɛde si dan

action figure

nnipa ɔbɔhye

babygrow

abɔdoma ataadeɛ

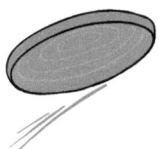

frisbee

frisbee

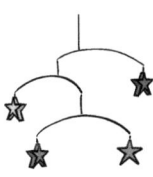

mobile

mobail

board game

ponoso agodie

dice

daahye

model train set

nkwadaa keteke

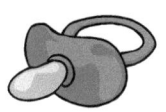

dummy

koliko

party

apontoɔ

picture book

nfonin nwoma

ball

bɔɔlo

doll

broniba

play

di agorɔ

sandpit

anwea adaka

swing

adonko

toys

tois

video game console

video agodie apaawa

tricycle

sakre a ne nan meɛnsa

teddy bear

kyoobi

wardrobe

wɔdropo

clothing

ntaadeɛ

socks

sɔks

stockings

stokens

tights

sekentait

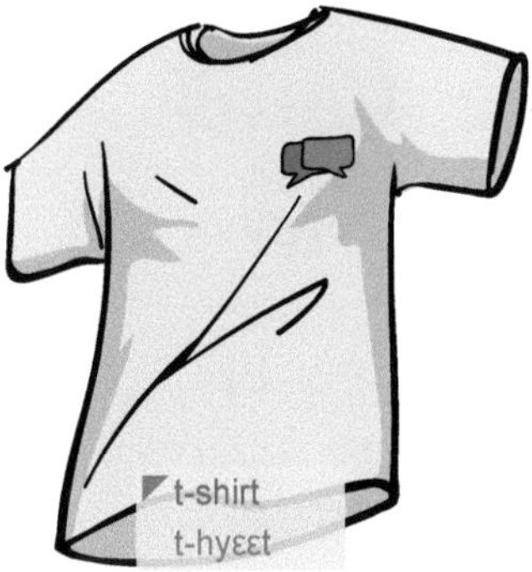

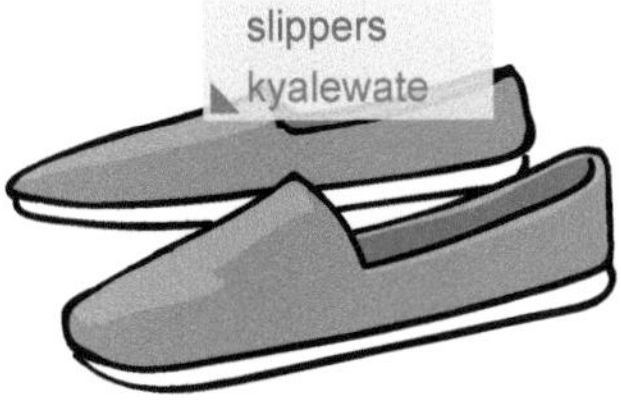

scarf
duku

belt
bɛlɛte

umbrella
kyíniɛɛ

t-shirt
t-hyɛɛt

boots
mpaboa

slippers
kyalewate

trainers
kamboo

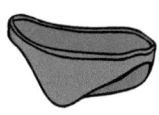

sandals
asopatre

shoes
mpoboa

rubber boots
rɔba mpaboa

underpants
ɛtam

bra
bra

vest
singlɛte

body

nipadua

trousers

trɔsa

jeans

gyins

skirt

sekɛɛt

blouse

ɛsoro ataadeɛ

shirt

hyɛɛte

pullover

nkatoho a ɛko awɔ

hoodie

hoodie

blazer

koot

jacket

nkatasoɔ

coat

nkatasoɔ

raincoat

nsutɔ mu nkataho

costume

dwumadie bi ho ataadeɛ

dress

mmaa atadeɛ

wedding dress

ayefrɔ ataadeɛ

suit

kootu

nightgown

mmaa ataadeɛ a yɛde da

pyjamas

pigyamas ataadeɛ

sari

sari

headscarf

duku

turban

abotire

burqa

burka

kaftan

kaftan

abaya

nkramofoɔ mmaa atadeɛ

swimsuit

ataadeɛ a yɛde dware nsuo

trunks

asenemu ataadeɛ

shorts

nika

tracksuit

agokansie ntaadeɛ

apron

akatasoɔ

gloves

nsa nkataho

button bɔtom	**glasses** sopɛɛse	**bracelet** ahwnɛɛ

necklace komadeɛ	**ring** kawa	**earring** asomadeɛ

cap ɛkyɛ	**coat hanger** yɛde koot sɛn so	**hat** ɛkyɛ

tie abɔmene mu	**zip** zip	**helmet** ɛkyɛ denden

braces bresis	**school uniform** sukuu ataadeɛ	**uniform** adwuma ataadeɛ

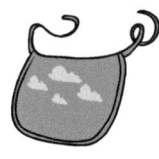

bib

mmɔfra bib

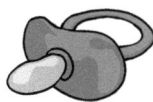

dummy

koliko

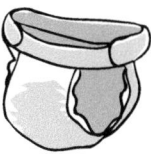

nappy

nkwadaa napken

office

asoeɛ

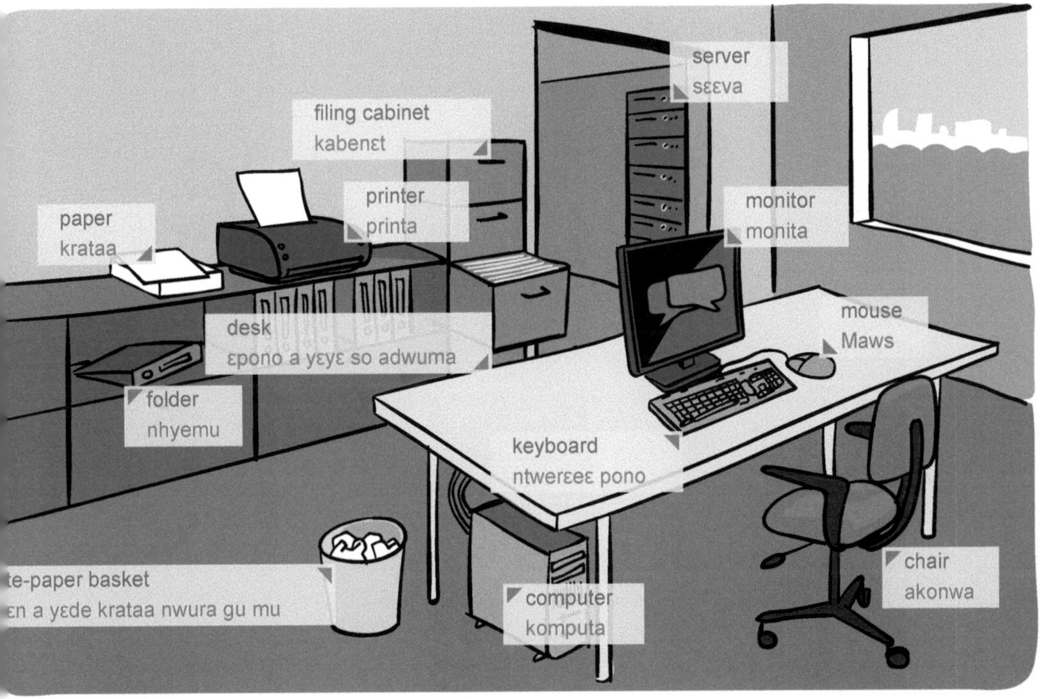
server
sɛɛva
filing cabinet
kabenɛt
printer
printa
paper
krataa
monitor
monita
mouse
Maws
desk
ɛpono a yɛyɛ so adwuma
folder
nhyemu
keyboard
ntwerɛeɛ pono
te-paper basket
ɛn a yɛde krataa nwura gu mu
chair
akonwa
computer
komputa

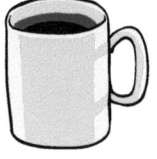

coffee mug

kɔfe kuruwa

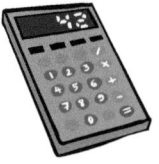

calculator

akontabuo fidie

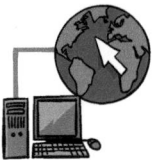

internet

intanɛt

laptop

laptop

letter

lɛta

message

nkratɔɔ

mobile

mobail kasafidie

network

nɛtwɛke

photocopier

fotokɔpi

software

softwɛɛ

telephone

tetefon

plug socket

sɔkɛt

fax machine

faks afidie

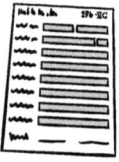

form

katraa

document

nkrataa

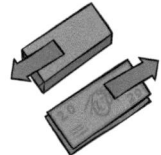

buy

tɔ

pay

tua

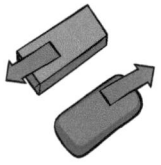

trade

di dwa

money

sika

dollar

dollar

euro

euro

yen

yen

rouble

rubel

Swiss franc

Swiss franks

renminbi yuan

renminbi yuan

rupee

rupii

cashpoint

baabi yɛtua sika

bureau de change

baabi a yɛ sesa sika

gold

sika kɔkɔɔ

silver

dwetɛ

oil

now

energy

ahooden

price

ne boɔ

contract

kontragye

tax

ɛtoɔ

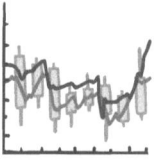

stock

stɔk

work

adwuma

employee

adwumayɛni

employer

adwumawura

factory

mfididwuma mu

shop

sotɔɔ

occupations
nwuma ahodoɔ

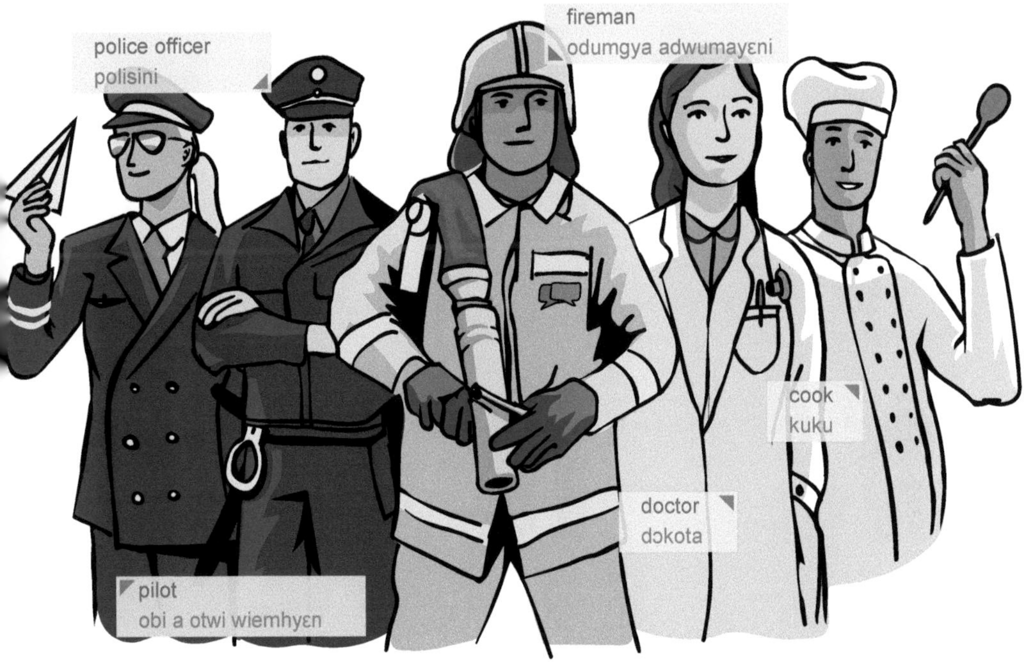

police officer
polisini
fireman
odumgya adwumayɛni
cook
kuku
doctor
dɔkota
pilot
obi a otwi wiemhyɛn

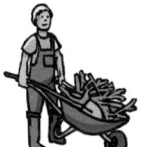

gardener

ɔyɛ afuo

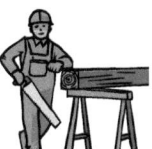

carpenter

dua dwomfoɔ

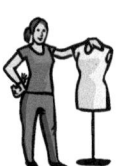

seamstress

adepani baa

judge

atɛnmuafoɔ

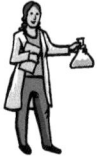

chemist

ɔtɔn nnuro

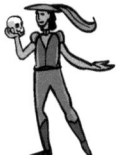

actor

sini yɛfoɔ

bus driver

bɔs drɔba

taxi driver

taisi drɔba

fisherman

ɔpofoɔ

cleaning lady

ɔbaa a osiesie fie

roofer

ɔbɔdanso

waiter

ɔsom adidieɛ

hunter

bɔmɔfoɔ

painter

penta

baker

ɔto paano

electrician

ɔyɛ nkaneɛ ho adwuma

builder

ɔdansifoɔ

engineer

inginia

butcher

ɔdwa nam

plumber

plɔmba

postman

krataa manefoɔ

soldier

sogyani

architect

ɔdwi adan

cashier

ɔgyegye sika

florist

ɔtɔn nhwiren

hairdresser

ɔyɛ tire

conductor

meeti

mechanic

fitani

captain

nnipa a otwi suhyɛn

dentist

ɛsee dɔkota

scientist

abɔdeɛ mu nimdefoɔ

rabbi

rabi

imam

kramo panin

monk

ɔsɔfo

clergyman

osɔfo

tools
anwenade

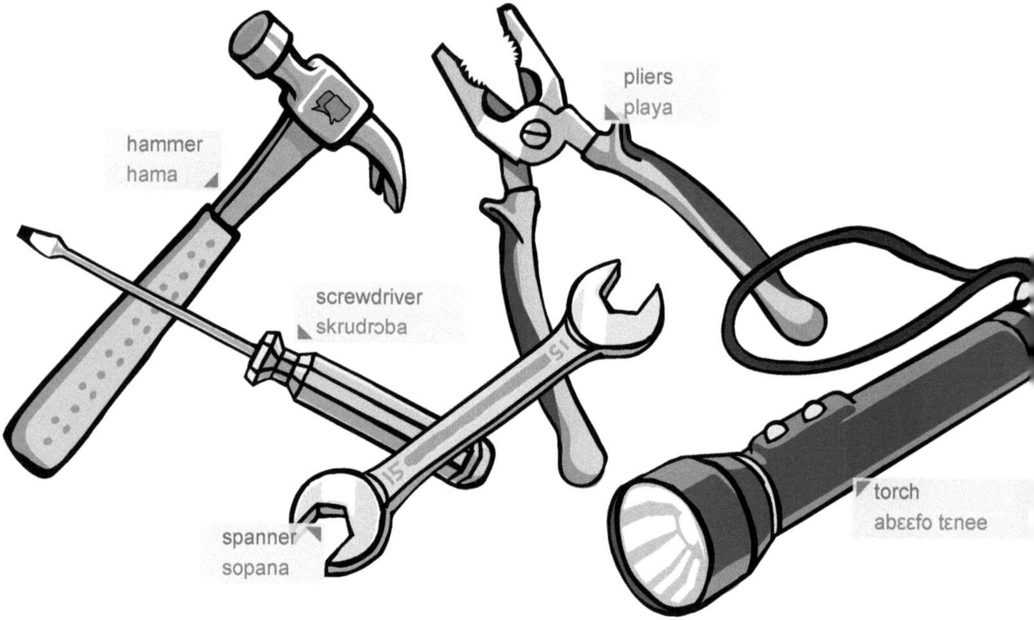
pliers
playa
hammer
hama
screwdriver
skrudrɔba
torch
abɛɛfo tɛnee
spanner
sopana

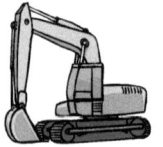

digger
otu amena

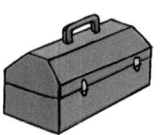

toolbox
anwenade adaka

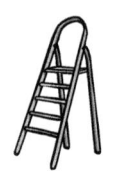

ladder
atwedeɛ

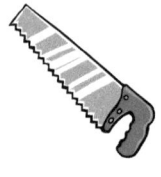

saw
asradaa

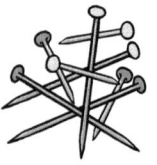

nails
nnadewa

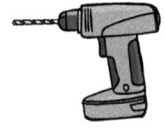

drill
afidie a yɛde bɔne tokro

repair
siesie

shovel
sofi

Damn!
Ebei!

dustpan
asanwura

paint pot
penti kukuo

screws
skruu

musical instruments
nneɛma a yɛde bɔ nwom

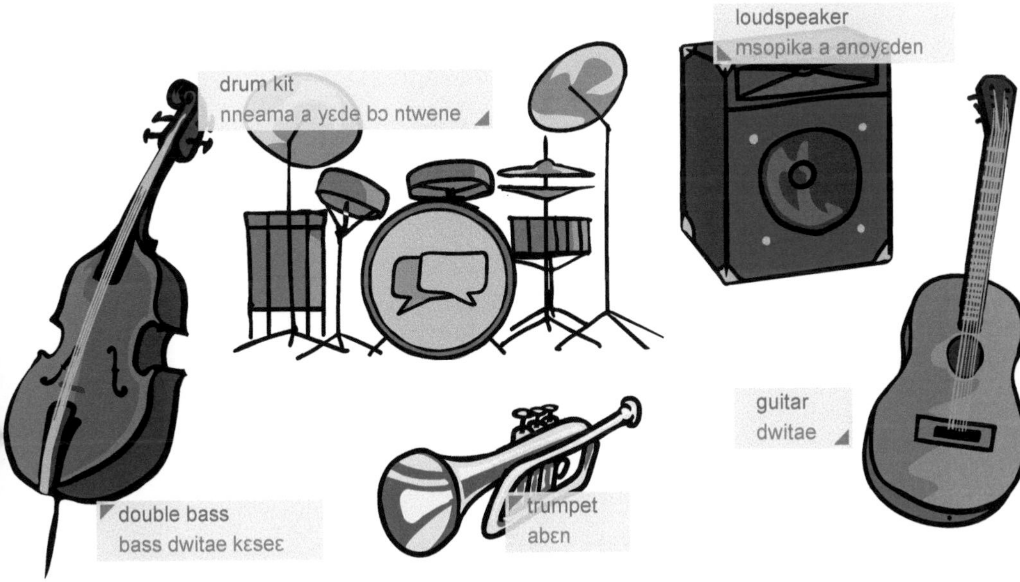

drum kit
nneama a yɛde bɔ ntwene

loudspeaker
msopika a anoyɛden

double bass
bass dwitae kɛseɛ

trumpet
abɛn

guitar
dwitae

piano

sankuo

violin

ahoma sankuo

bass

bass dwitae

timpani

atumpan

drums

ntwene

keyboard

ntwerɛeɛ apa

saxophone

saksofon

flute

atentenbɛn

microphone

maikrofon

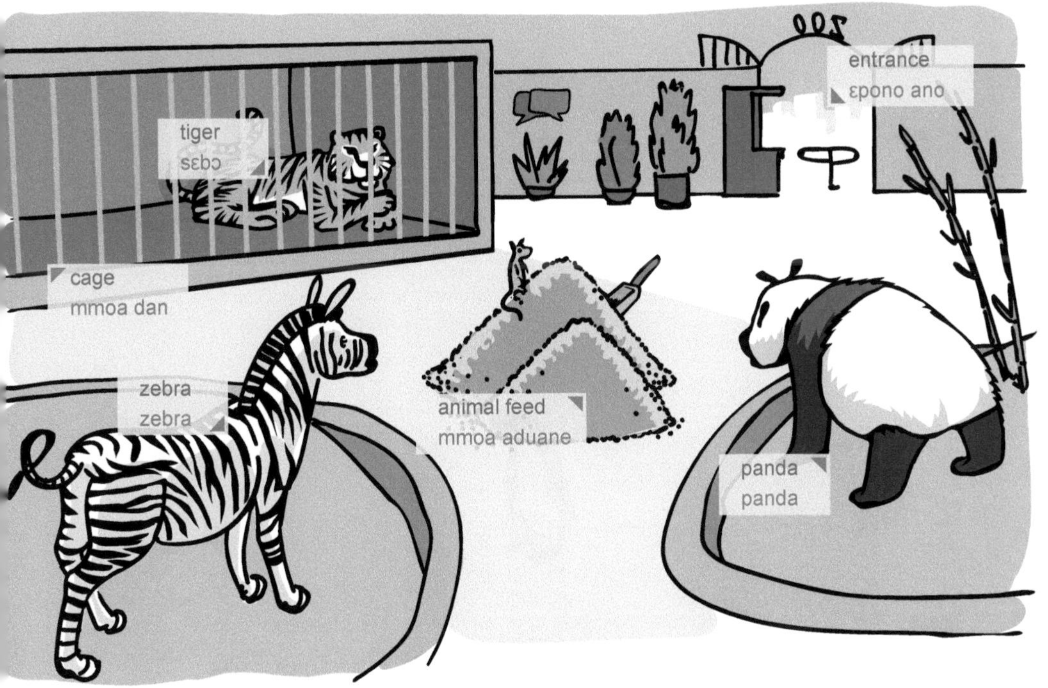

tiger
sɛbɔ

entrance
ɛpono ano

cage
mmoa dan

zebra
zebra

animal feed
mmoa aduane

panda
panda

animals

mmoa

elephant

ɔsono

kangaroo

kangaru

rhino

raino

gorilla

akatea

bear

sisire

camel

afunupɔnkɔ

ostrich

sohori

lion

gyata

monkey

adwee

flamingo

flamingo

parrot

ako

polar bear

awɔ mu sisire

penguin

penguin

shark

oboodede

peacock

akɔkonini abankwa

snake

wɔwɔ

crocodile

dɛnkyɛm

zookeeper

nnipa ɛhwɛ zoo so

seal

nsuo mu gyata

jaguar

sebɔ

pony

ponko ba

leopard

etwie

hippo

susuono

giraffe

kontenten

eagle

ɔkɔdeɛ

boar

kɔkɔte

fish

apataa

turtle

sudandan

walrus

walrus

fox

sakraman

gazelle

ɔtwee

American football
Amerikafoɔ futbɔɔlo

cycling
skre twie

tennis
tennis

basketball
basketbɔɔlo

swimming
nsuom adwareɛ

boxing
akutruku

ice hockey
asukɔkyea so hɔki

football
futbɔl

badminton
badmintin

athletics
mirikatuo

handball
bɔɔlo a yɛde nsa bɔ

skiing
skii

polo
polo

jump
huri

laugh
sere

hug
bam

walk
nante

sing
to dwom

dream
so daeɛ

pray
bɔ mpaeɛ

kiss
fe ano

write
twerɛ

draw
dwi

show
kyerɛ

push
pia

give
ma

take
fa

have
....
nya

do
....
yɛ

be
....
yɛ

stand
....
gyina

run
....
tu mirika

pull
....
twe

throw
....
to

fall
....
tɔ fam

lie
....
da hɔ

wait
....
twɛn

carry
....
soa

sit
....
tenase

get dressed
....
hyɛ ataadeɛ

sleep
....
da

wake up
....
nyane

look at

hwɛ

cry

su

stroke

san ho

comb

nunum

talk

kasa

understand

te aseɛ

ask

bisa

listen

tie

drink

nom

eat

didi

tidy up

yɛ nsiesie

love

ɔdɔ

cook

nɔa

drive

twi

fly

tu

activities - nwumadie

65

sail

fa nsuo so

calculate

sese

read

kenkan

learn

sua

work

adwuma

marry

ware

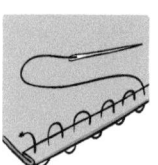

sew

pam

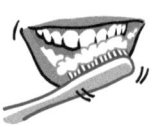

brush teeth

twitwiri wo se

kill

kum

smoke

nom gyɔt

send

mane

family
abusua

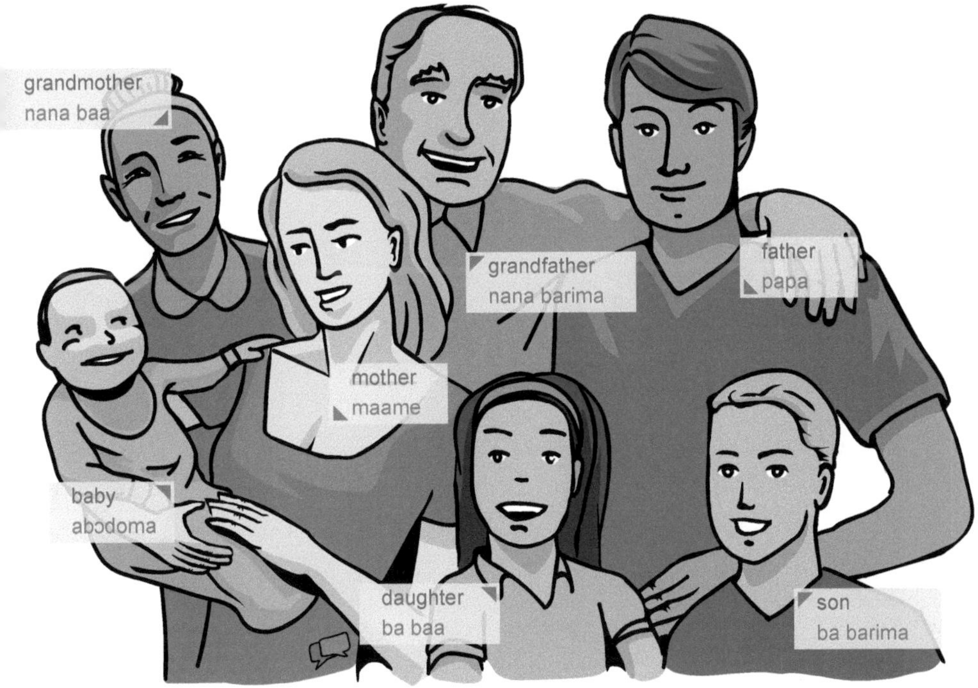
grandmother
nana baa
grandfather
nana barima
father
papa
mother
maame
baby
abɔdoma
daughter
ba baa
son
ba barima

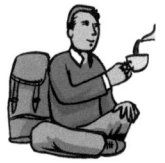

guest

ɔhɔhoɔ

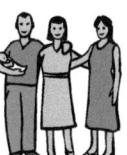

aunt

sewaa

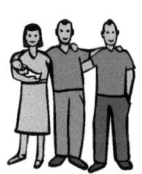

uncle

wɔfa

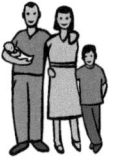

brother

nua barima

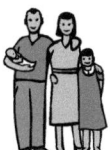

sister

nua baa

body

nipadua

forehead
moma
eye
ani
face
anim
chin
apantan
breast
nufoɔ
finger
nsatea
hand
nsa
arm
nsa
shoulder
abɛtire
leg
ɛnan

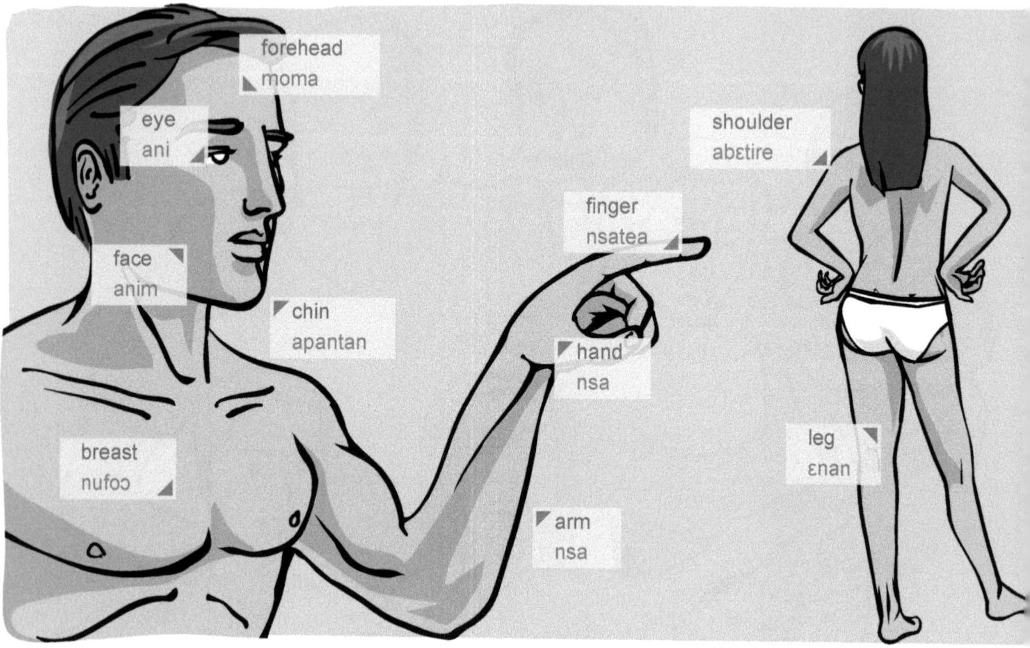

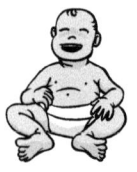

baby
abɔdoma

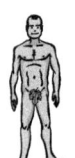

man
barima

woman
ɔbaa

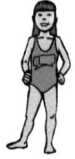

girl
abayewa

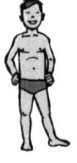

boy
abarimawa

head
etire

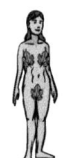

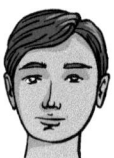

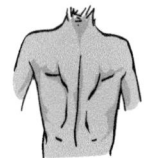

back
....
akyi

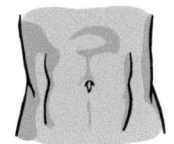

belly
....
afro

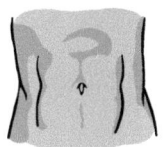

belly button
....
fruma

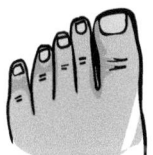

toe
....
nansoa

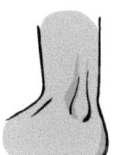

heel
....
nantini

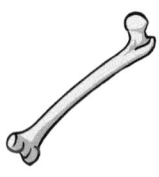

bone
....
dompe

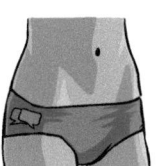

hip
....
ɔɔseata

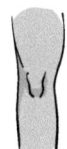

knee
....
kotodwe

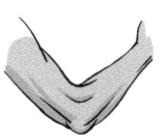

elbow
....
abatwɛ

nose
....
ɛhwene

bottom
....
ɛtɔ

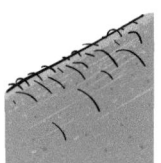

skin
....
wedeɛ

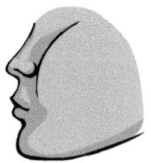

cheek
....
afono

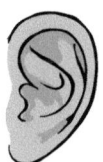

ear
....
aso

lip
....
ano

	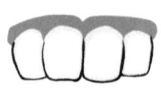	
mouth	tooth	tongue
anom	ɛsee	tɛkyerɛma
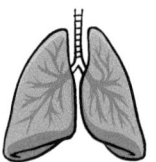	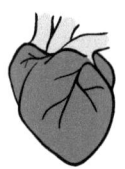	
brain	heart	muscle
adwene	akoma	ntini
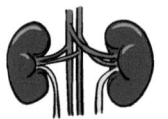		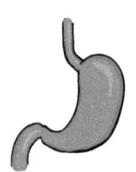
lung	liver	stomach
aharawa	brɛbɔɔ	yafunu
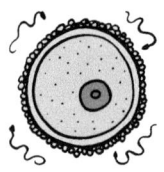		
kidneys	sex	condom
asaa	nna	kɔndɔm
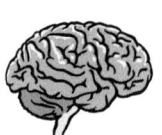		
ovum	semen	pregnancy
ɔbaa nkosua	barima ho nsuo	nyinsɛn

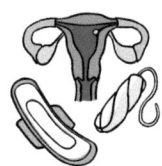

menstruation

nsabuo

vagina

ɛtwɛ

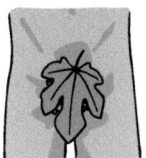

penis

kɔteɛ

eyebrow

anintɔn

hair

enwin

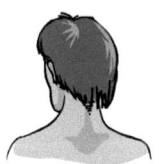

neck

ɛkɔn

hospital

ayaresabea

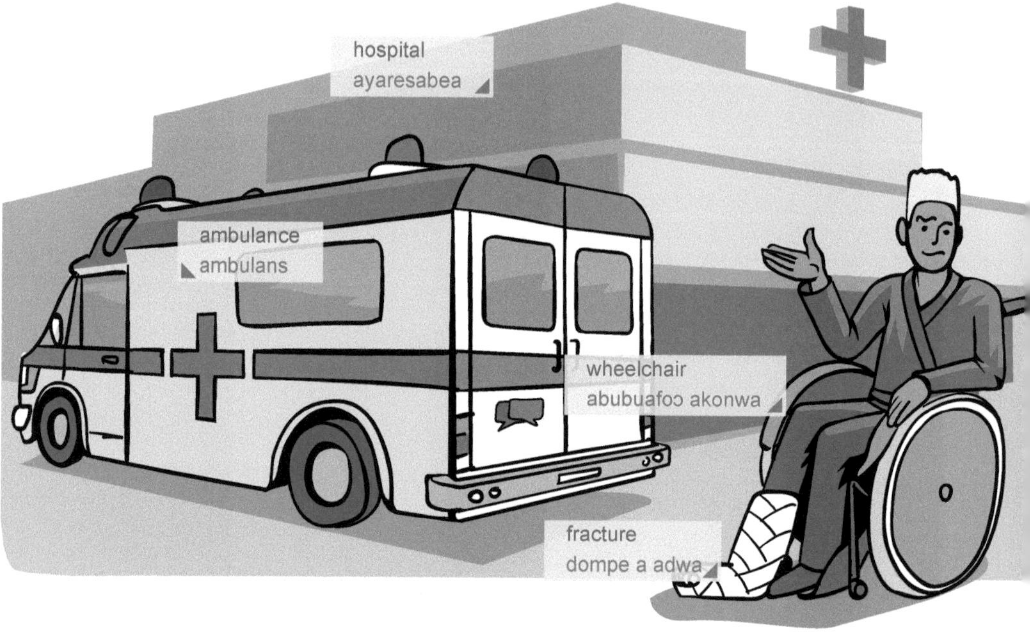

hospital
ayaresabea
ambulance
ambulans
wheelchair
abubuafoɔ akonwa
fracture
dompe a adwa

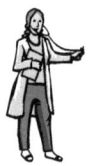

doctor

dɔkota

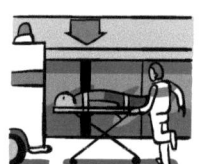

emergency room

ɛdan a wɔde putupru nsɛm kɔmu

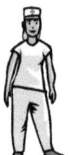

nurse

nɛɛse

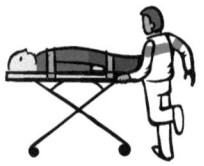

emergency

putupru

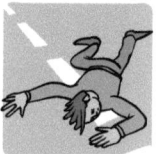

unconscious

wɔ atwa ahwe

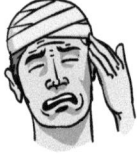

pain

yea

injury

epira

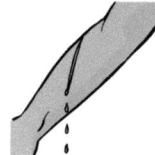

bleeding

mogyatuo

heart attack

akoma yarenini

stroke

stroke yareɛ

allergy

allegyi

cough

ɛwa

fever

ahoɔhyeɛ

flu

papu

diarrhoea

ayamtuo

headache

tipaeɛ

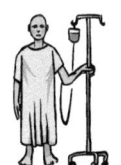

cancer

kokoram

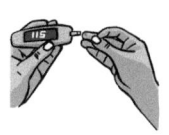

diabetes

asikyire yareɛ

surgeon

dɔkota a ɛyɛ oprehyɛn

scalpel

skapɛl sekan

operation

aprehyɛn

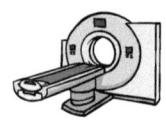

CT
CT

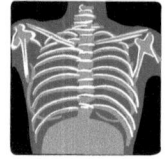

x-ray
x-ray

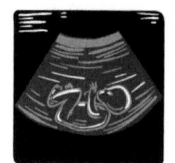

ultrasound
ultrasound

face mask
nkatanim

disease
yareɛ

waiting room
ɛdan a wɔ twɛn mu

crutch
krɔhyes

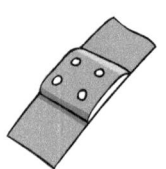

plaster
plasta

bandage
banege

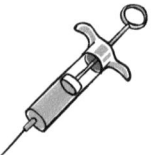

injection
paneɛ

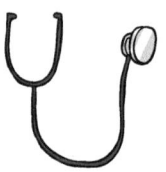

stethoscope
Stetoskop

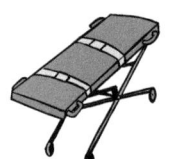

stretcher
ahomankaa

clinical thermometer
afidie a esusu ahoɔhyeɛ

birth
awoɔ

overweight
kɛseɛ mmorosoɔ

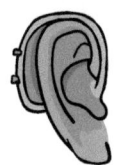

hearing aid

afidie a ɛboa asɛmtie

disinfectant

aduro a ekum mmoawa

infection

yareɛ a mmoawa deba

virus

vaarɔs

HIV / AIDS

HIV / AIDS

medicine

aduro

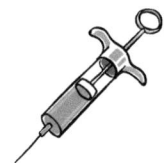

vaccination

aduro a esi yareɛ ano

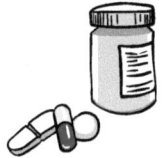

tablets

aduro tablɛte

pill

topaeɛ

emergency call

ɔfrɛ wɔ putupru so

blood pressure monitor

afidie a esusu mogya
mmrosoɔ

ill / healthy

yareɛ / apomuden

Help!

Boa me!

alarm

kɔkɔbɔ

assault

ɛborɔ

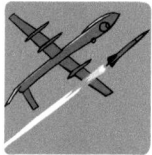

attack

ato ahyɛ obi so

danger

ɛyɛ hu

emergency exit

baabi a yɛfa de pue putupru
so

Fire!

Ogya!

fire extinguisher

afidie a yɛde dumgya

accident

nkwanhyia

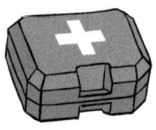

first-aid kit

nneɛma yɛde sɔ yareɛ ano

SOS

SOS

police

polisi

Europe

Yuropo

North America

Amerika atifi

South America

Amerika ananfoɔ

Africa

Abiberm

Asia

Asia

Australia

Australia

Atlantic

Atlantik

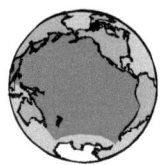

Pacific

Pasifek

Indian Ocean

India po kɛseɛ

Antarctic Ocean

Antaatek po keseɛ

Arctic Ocean

Aatek po kɛseɛ

North Pole

Ewiase atifi

South Pole

Ewiase anaafoɔ

Antarctica

Antaatek

Earth

Ewiase

land

asaase

sea

ɛpo

island

supɔ

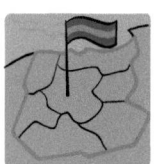

nation

ɔman

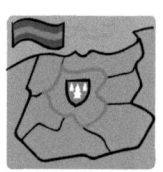

state

ɔman

clock face

klɔko no anim

hour hand

dɔnhwere nsa no

minute hand

sima nsa

second hand

anitɛtɛ nsa no

What time is it?

Abɔ sɛn?

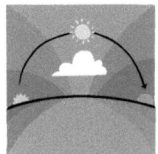

day

da

time

berɛ

now

seeseiara

digital watch

wkye a nɔma wɔ so

minute

sima

hour

dɔnhwere

week

nnawɔtwe

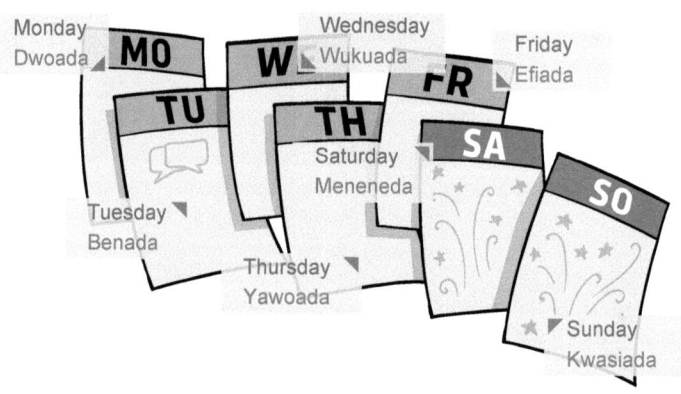

Monday
Dwoada

Wednesday
Wukuada

Friday
Efiada

Tuesday
Benada

Saturday
Meneneda

Thursday
Yawoada

Sunday
Kwasiada

yesterday

ɛnora

today

ɛnora

tomorrow

ɔkyina

morning

anɔpa

noon

prɛmtobrɛ

evening

anwumerɛ

MO	TU	WE	TH	FR	SA	SU
1	2	3	4	5	6	7
8	9	10	11	12	13	14
15	16	17	18	19	20	21
22	23	24	25	26	27	28
29	30	31	1	2	3	4

business days

adwuma nna

MO	TU	WE	TH	FR	SA	SU
1	2	3	4	5	6	7
8	9	10	11	12	13	14
15	16	17	18	19	20	21
22	23	24	25	26	27	28
29	30	31	1	2	3	4

weekend

nnawɔtwe awieɛ

rain
nsutɔ

spring
nsutɔbrɛ

summer
awiabrɛ

wind
mframa

snow
asukɔkyea

autumn
autumnbrɛ

winter
awɔbrɛ

4.APRIL	11°	☀
5.APRIL	4°	
6.APRIL	13°	
7.APRIL	8°	☀
8.APRIL	10°	☀

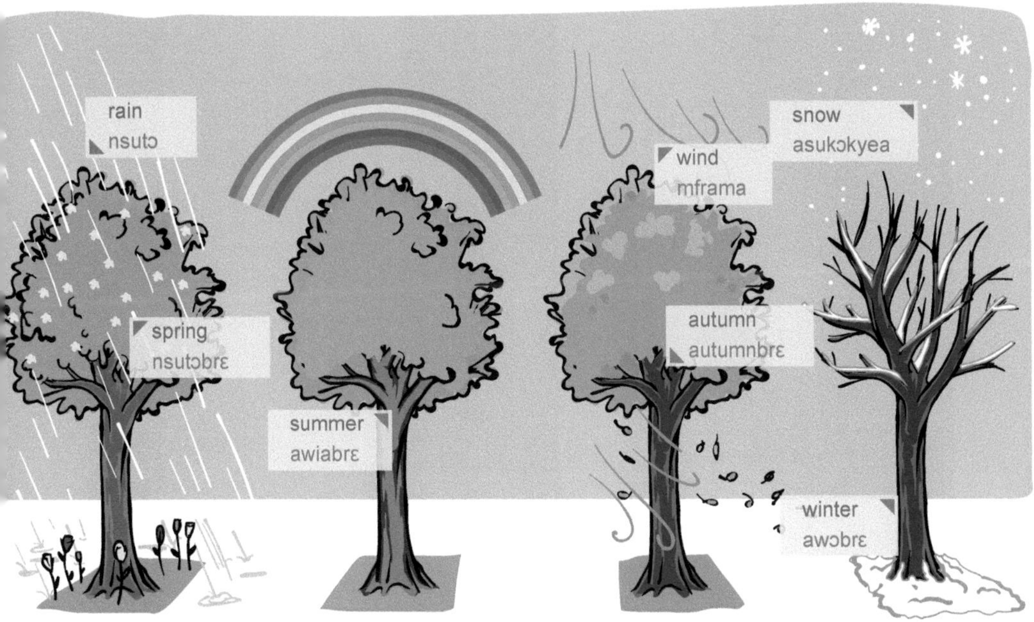

weather forecast
ewiem nsakrɛeɛ

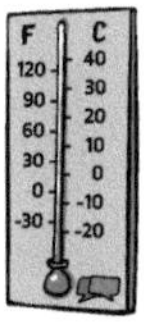

thermometer
afidie a esusu ade ho hyeɛ

sunshine
awiabɔ

cloud
munukum

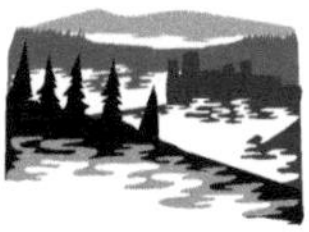

fog
ɛbɔ

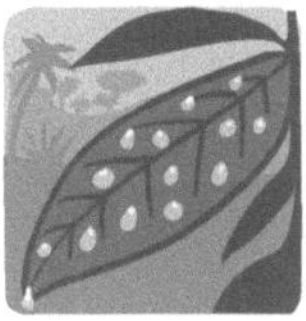

humidity
ewiem nsuo

lightning

ayerɛmo

thunder

apranaa

storm

ehum

hail

asukɔkyea

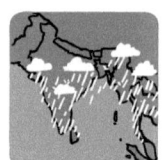

monsoon

monsoonbrɛ

flood

nsuyiri

ice

aise

January

ɔpɛpɔn

February

ɔgyefoɔ

March

ɔbɛnem

April

Oforisuo

May

Kotonimaa

June

Ayɛwohomumu

July

Kitawonsa

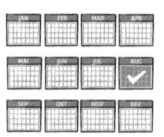

August

ɔsanaa

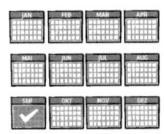

September
....
ɛbɔ

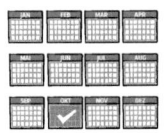

October
....
Ahinime

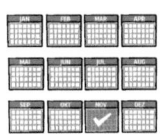

November
....
Obubuo

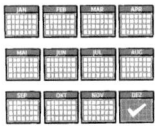

December
....
ɔpɛnimaa

circle
....
kanko

square
....
sokwɛɛ

rectangle
....
rɛktangel

triangle
....
triangel

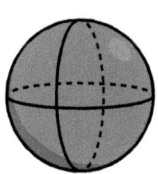

sphere
....
krukruwa

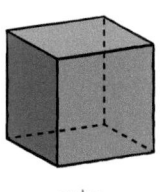

cube
....
adaka

white

fitaa

yellow

akokɔ sradeɛ

orange

ankaa

pink

pink

red

kɔkɔɔ

purple

pɛpol

blue

bruu

green

ahaban mono

brown

braun

grey

nson

black

tuntum

a lot / a little

pii / ketewa

angry / calm

wo boafu / wɔ adwo

beautiful / ugly

ɛyɛ fɛ / ɛyɛ tan

beginning / end

ahyɛseɛ / awieɛ

big / small

kɛseɛ / esua

bright / dark

ɛha / esum

brother / sister

nuabarima / nuabaa

clean / dirty

ɛho te / ayɛ fin

complete / incomplete

awie / enwieɛ

day / night

awia / anadwo

dead / alive

awu / ɛte ase

wide / narrow

emubae / ɛyɛ tea

edible / inedible

yɛde /yɛnni

evil / kind

bɔne / tema

excited / bored

wɔ aniagye / wɔ ani nka

fat / thin

ɔso / teatea

first / last

edikan / etwatoɔ

friend / enemy

adamfoɔ / atamfo

full / empty

ayɛ mma / hwee nim

hard / soft

ɛdenden / mmerɛ mmerɛ

heavy / light

ɛyɛ duru / ɛyɛ ha

hunger / thirst

ɛkɔm / nsukɔm

ill / healthy

yareɛ / apomuden

illegal / legal

etia mmara / ɛwɔ mmara mu

intelligent / stupid

nyansa / gyimi

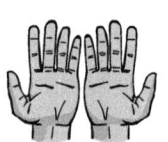

left / right

benkum / nifa

near / far

ɛbɛn / akyire

new / used

foforɔ / dada

nothing / something

hwee / biribi

old / young

wɔ anyini/ ɔsua

on / off

sɔ /dum

open / closed

bue / tom

quiet / loud

dinn / dede

rich / poor

ɔdefoɔ / ohia

right / wrong

nifa / benkum

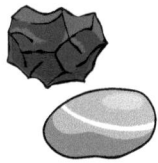

rough / smooth

werewerɛwerewerɛ / trontron

sad / happy

awerɛhoɔ / anigyeɛ

short / long

tietia / tenten

slow / fast

nyaa / ntɛm

wet / dry

afɔ / awɔ

warm / cool

dedɛɛdeɛɛ / adwo

war / peace

akoo / asomdweɛ

0

zero

hwee

1

one

baako

2

two

mienu

3

three

meɛnsa

4

four

ɛnan

5

five

enum

6

six

nsia

7

seven

nson

8

eight

nwɔtwe

9

nine

nkron

10

ten

edu

11

eleven

du-baako

12

twelve

du-mienu

13

thirteen

du-meɛnsa

14

fourteen

du-nan

15

fifteen

du-num

16

sixteen

du-nsia

17

seventeen

de-nson

18

eighteen

du-nwɔtwe

19

nineteen

du-nkron

20

twenty

aduonu

100

hundred

ɔha

1.000

thousand

apem

1.000.000

million

ɔpepem

English

Brɔfo

American English

Amerikafoɔ Brɔfo

Chinese Mandarin

Chainfoɔ Mandarin

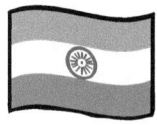

Hindi

Hindi

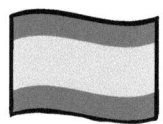

Spanish

Spainfoɔ kasa

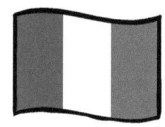

French

French kasa

Arabic

Arabia kasa

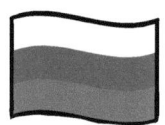

Russian

Russianfoɔ kasa

Portuguese

Portugalfoɔ kasa

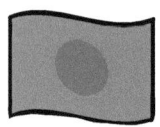

Bengali

Bengali

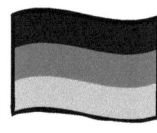

German

Germanfoɔ kasa

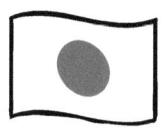

Japanese

Japanfoɔ kasa

I

Me

you

wo

he / she / it

ono

we

yɛn

you

wo

they

ɔmmo

who?

hwan?

what?

deɛ bɛn?

how?

ɛyɛ deɛn?

where?

ehen?

when?

dabɛn?

name

edin

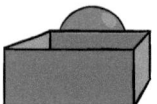

behind

akyire

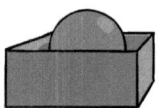

in

emu

in front of

anim

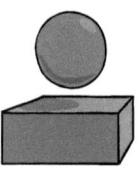

over

ɛsoro

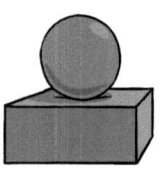

on

ɛso

under

aseɛ

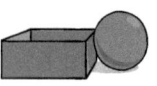

beside

nkyɛn

between

ntɛm

place

beaɛ